Débo gato

CUP CAKES

ATELIER CUISINE POUR LES ENFANTS

Illustrations : Feeble Sister

MicMac ÉDITIONS

Sommaire

MON MATERIEL DE CUISINE

Pour bien travailler

- 2 saladiers + 1 bol moyen
- 1 fouet (si on n'utilise pas le robot électrique pour la pâte)
- 1 couteau à bout rond
- 1 maryse (spatule souple en silicone)
- 1 thermomètre de cuisson
- 1 râpe fine
- 1 passoire fine
- Des cure-dents
- 1 petite casserole
- 1 plaque pour une vingtaine de mini cupcakes
- 1 robot électrique équipé du fouet ou de la «feuille»
- 1 balance de cuisine
- 1 batteur électrique manuel
- 1 poche munie d'une douille cannelée et d'une douille lisse
- Des caissettes en papier pour mini cupcakes

LES INGREDIENTS DE BASE

Les indispensables

- Yaourt nature
- Sucre semoule
- Sel fin
- Extrait de vanille liquide
- Huile de tournesol
- Farine avec levure incorporée
- Œufs
- Crème liquide à 30% ou 40% de matière grasse
- Beurre
- Chocolat noir
- Chocolat Dulcey de Valrhona®
- Chocolat au lait
- Chocolat blanc (idéalement Valrhona®)
- Amandes en poudre
- Sucre glace
- Cannelle moulue
- Cacao en poudre non sucré
- Étoiles, billes ou cœurs en sucre coloré
- Pépites de chocolat noir

QUELQUES CONSEILS

Avant de commencer

1. Bien laver ses mains à l'eau et au savon.

2. Enfiler un tablier pour protéger ses vêtements.

3. Peser tous les ingrédients à l'avance : une fois préparées, ces pesées permettront d'éviter d'oublier des ingrédients et de gagner du temps pour se régaler plus vite !

Pendant la préparation

Épluchage et découpe des fruits.

fouet

Utilisation du robot électrique équipé du fouet (facultatif)

Les petits gourmands doivent être aidés d'un adulte lors des étapes suivantes.

1. **Épluchage et découpe des fruits.** Pour un travail en équipe entre petits et grands gourmands, utiliser des couteaux, à bouts ronds si possible.

2. **Utilisation du robot électrique.** Bien pratique pour travailler la pâte ! Vérifier que le robot soit bien vissé et que le fouet soit bien fixé avant d'actionner l'appareil.
Si vous n'en avez pas, vous pouvez utiliser un fouet manuel.

3. **Préchauffage et utilisation du four.** À la sortie du four, utiliser un gant de protection ou un torchon sec plié sur lui même pour bien protéger ses doigts.

4. **Bain-marie.** Pour cette étape clé, la présence d'un adulte est indispensable.

À défaut d'un bain-marie électrique ou chocolatières électriques, spécifiquement conçues pour faire fondre du chocolat tout en douceur, utiliser un petit bol placé dans une petite casserole remplie d'eau au 1/3 (le bol ne doit pas toucher le fond de la casserole).
Éviter de toucher les bords du bol qui peuvent être chauds.

Le chocolat n'aime pas être chauffé trop fort ! (feu doux/moyen).

Autre option : à la place du petit bol, placer une casserole plus petite.

CUP CAKES POIRE NUTELLA®

Cuisson : 15 mn
Pour une vingtaine de mini cupcakes

Quels ingrédients ?

- 2 gros œufs
- 80 g de yaourt (un petit pot)
- 1 pincée de sel (pour les blancs en neige)
- 1 cuillère à café d'extrait de vanille liquide
- 150 g de sucre semoule
- 160 g de farine avec levure incorporée
- 250 g de poires (1 à 2 belles poires)
- 50 g d'huile de tournesol

Pour le façonnage et le décor :

- Des étoiles en sucre jaunes et blanches
- 6 grosses cuillères à soupe de Nutella®

Mon matériel :

- 2 grands saladiers ou bols de robot batteur
- 1 robot électrique équipé du fouet (facultatif)
- 1 balance ou un verre doseur
- 1 batteur électrique pour monter les blancs en neige
- 1 couteau
- 1 spatule souple
- 1 cuillère à soupe
- 1 cure-dent
- 1 poche à douille et 1 douille cannelée
- 1 plaque pour une vingtaine de mini cupcakes
- 25 à 30 caissettes en papier pour mini cupcakes

Comment je fais ?

Préparer la pâte à cupcakes

1. Préchauffer le four à 180° C.
2. Prendre 2 saladiers pour séparer les blancs des jaunes d'œufs.
3. Ajouter le sucre aux jaunes et fouetter à vitesse moyenne jusqu'à ce que le mélange blanchisse.
4. Incorporer le yaourt, puis l'huile en fouettant bien entre chaque ingrédient.
5. Parfumer alors la pâte avec l'extrait de vanille liquide et incorporer la farine.

FAÇONNAGE & DÉCORATION

Comment je fais ? (suite)

6. Dans l'autre saladier, monter les blancs en neige, en ajoutant une pincée de sel.
Ils doivent avoir une texture de nuages un peu fermes.
Incorporer délicatement les blancs à la pâte en soulevant cette dernière à l'aide d'une spatule.

7. Éplucher et découper les poires en petits dés puis les incorporer à la pâte. Plus il y aura de fruits, plus le cupcake sera parfumé et moelleux.

8. Disposer des caissettes dans les empreintes de chaque plaque à mini cupcakes.
Les remplir quasiment à ras bord à l'aide d'une cuillère (plus la pâte à cupcake contiendra de fruit, moins elle gonflera à la cuisson).

Monter les blancs en neige ferme

Remplir généreusement les caissettes

C'est prêt à enfourner :

1. Faire cuire pendant 15 minutes environ (la durée de la cuisson dépend du four).

2. La pointe d'un cure-dent piquée au centre d'un cupcake doit ressortir propre.

3. Laisser les cupcakes refroidir complètement.

C'est le moment du décor :

1. Une fois les cupcakes refroidis, les sortir de la plaque, et les décorer d'une belle rosace de Nutella®, à l'aide d'une poche à douille.

2. Disposer délicatement les jolies étoiles colorées sur la pâte à tartiner.

Si je n'ai pas de poche à douille ?
Pas de panique !
Le nappage peut aussi être déposé à l'aide d'une cuillère ou d'un couteau à bout rond.

CUP CAKES SPECULOOS

GANACHE CHOCOLAT BLANC

Cuisson : 15 mn
Pour une vingtaine de mini cupcakes

Quels ingrédients ?

2 gros œufs

80 g de yaourt (un petit pot)

1 cuillère à café d'extrait de vanille liquide

1 pincée de sel (pour les blancs en neige)

1 à 2 cuillères à café de cannelle moulue

60 g + quelques cuillères de pâte de spéculoos

50 g d'huile de tournesol

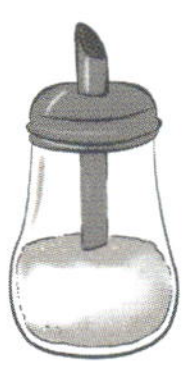
150 g de sucre semoule

160 g de farine avec levure incorporée

Pour la ganache et le décor :

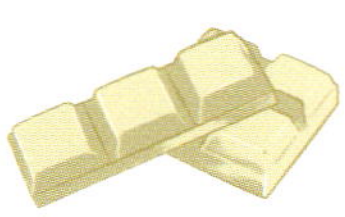
150 g de chocolat blanc

130 g de crème liquide à 30% ou 40% de matière grasse

2-3 biscuits spéculoos émiettés

Étoiles en sucre marron

Mon matériel :

2 grands saladiers ou bols de robot batteur + 1 bol moyen

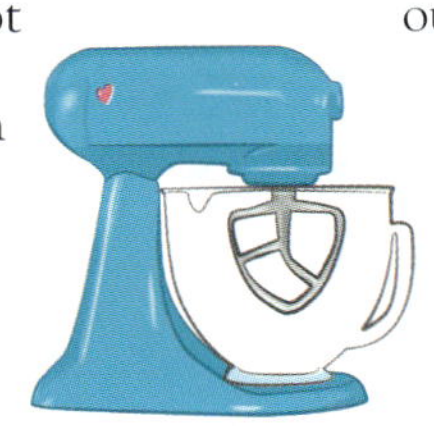
1 robot électrique équipé de la « feuille »

1 balance ou un verre doseur

1 batteur électrique pour monter les blancs en neige

1 couteau

1 petite casserole

1 spatule souple + 1 spatule rigide

1 cuillère à soupe
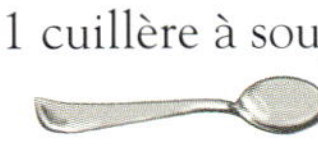

1 cure-dent

1 poche à douille et 1 douille cannelée

1 plaque pour une vingtaine de mini cupcakes

25 à 30 caissettes en papier pour mini cupcakes

Comment je fais ?

GANACHE CHOCOLAT BLANC

La ganache est préparée avant les cupcakes car elle doit reposer un moment au frais et doit être utilisée froide.

1. Hacher finement le chocolat au couteau (il fondra plus facilement et sera plus homogène) et le placer dans un saladier ou un bol.

2. Faire chauffer la crème liquide jusqu'à légère ébullition. En verser un tiers ou la moitié sur le chocolat haché.

3. Mélanger la crème et le chocolat à l'aide d'une spatule souple, en faisant de petits mouvements circulaires qui s'élargissent progressivement.

4. Incorporer le reste de la crème en une ou deux fois, en procédant de la même façon. Filmer et entreposer une heure au réfrigérateur.

FAÇONNAGE & DÉCORATION

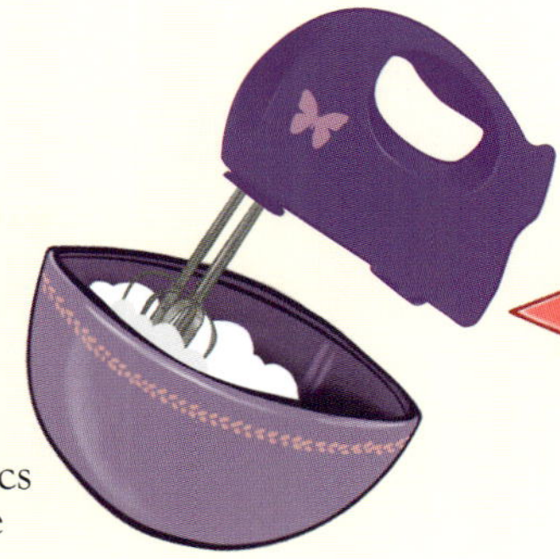

Monter les blancs en neige ferme

Remplir les caissettes aux deux tiers de leur hauteur.

Comment je fais ? (suite)

C'est le moment de préparer la pâte à cupcakes !

1. Préchauffer le four à 180° C.
2. Prendre 2 saladiers pour séparer les blancs des jaunes d'œufs.
3. Ajouter le sucre aux jaunes et fouetter à vitesse moyenne jusqu'à ce que le mélange blanchisse.
4. Incorporer le yaourt, puis l'huile, en fouettant bien entre chaque ingrédient.
5. Parfumer alors la pâte avec l'extrait de vanille et incorporer la farine.
6. Dans l'autre saladier, monter les blancs en neige, en ajoutant une pincée de sel. Puis, les incorporer délicatement à la pâte, à l'aide d'une spatule.
7. Ajouter la pâte de spéculoos et bien mélanger pour que la pâte de spéculoos parfume bien l'appareil.
8. Disposer des caissettes dans les empreintes de chaque plaque à mini cupcakes.
9. Les remplir aux deux tiers à l'aide d'une cuillère et déposer au centre de chacune d'elles une grosse goutte de pâte de spéculoos.

C'est prêt à enfourner :

1. Faire cuire pendant 15 minutes environ (la durée de la cuisson dépend du four).
2. La pointe d'un cure-dent piquée au centre d'un cupcake doit ressortir propre.
3. Laisser les cupcakes refroidir complètement.

C'est le moment du décor :

1. Sortir la ganache du réfrigérateur.
2. La disposer dans le bol du robot électrique équipé de la feuille. À défaut, retrousser ses manches, utiliser une spatule rigide (ou une cuillère) et ses muscles !
3. Battre la ganache jusqu'à ce que sa texture change : plutôt liquide au départ, elle va se raffermir progressivement.
4. La ganache est prête quand elle a la texture d'une pâte à tartiner, quand elle « se tient ».
5. Garnir la poche à douille équipée d'une douille cannelée de ganache et déposer une rosace sur chacun des cupcakes.
6. Finaliser la décoration en parsemant la ganache d'étoiles en sucre et de spéculoos émiettés.

Si je n'ai pas de poche à douille ?
Pas de panique !
Le nappage peut aussi être déposé à l'aide d'une cuillère ou d'un couteau à bout rond.

CUP CAKES ABRICOT

GANACHE CHOCOLAT AU LAIT

Cuisson : 15 mn
Pour 15 à 20 mini cupcakes

Quels ingrédients ?

- 2 gros œufs
- 50 g de beurre
- 50 g d'amandes en poudre
- 75 g de sucre semoule
- 25 g de farine avec levure incorporée
- 6 oreillons d'abricots au sirop (en saison, des frais, légèrement sucrés)

Pour la ganache et le décor :

- 100 g de crème liquide à 30% ou 40% de matière grasse
- 130 g de chocolat au lait
- Des étoiles en sucre jaunes et blanches

Mon matériel :

- 1 grand saladier ou bol de robot batteur + 1 bol moyen
- 1 robot électrique équipé du fouet (facultatif)
- 1 balance ou un verre doseur
- 1 petite casserole
- 1 couteau
- 1 spatule souple
- 1 cuillère à soupe
- 1 cure-dent
- 1 poche à douille et 1 douille cannelée
- 1 plaque pour une vingtaine de mini cupcakes
- 25 à 30 caissettes en papier pour mini cupcakes

Comment je fais ?

GANACHE CHOCOLAT AU LAIT

La ganache est préparée avant les cupcakes car elle doit reposer un moment au frais et doit être utilisée froide.

1. Hacher finement le chocolat au couteau (il fondra plus facilement et sera plus homogène) et le placer dans un saladier ou un bol.
2. Faire chauffer la crème liquide jusqu'à légère ébullition. En verser un tiers ou la moitié sur le chocolat haché.
3. Mélanger la crème et le chocolat à l'aide d'une spatule souple, en faisant de petits mouvements circulaires qui s'élargissent progressivement.
4. Incorporer le reste de la crème en une ou deux fois, en procédant de la même façon. Filmer et entreposer une heure au réfrigérateur.

FAÇONNAGE & DÉCORATION

Préchauffer le four à 180° C.

Faire fondre le beurre à feu doux

Fouetter vivement jusqu'à ce que le mélange blanchisse

Comment je fais ? (suite)

C'est le moment de préparer la pâte à cupcakes !

1. Préchauffer le four à 180° C.
2. Faire fondre le beurre et le laisser refroidir.
3. Casser les œufs dans le grand saladier, y ajouter le sucre semoule et fouetter vivement jusqu'à ce que le mélange blanchisse.
4. Ensuite, incorporer le beurre fondu et fouetter à nouveau.
5. Dans un autre bol, mélanger la farine et la poudre d'amande, puis les ajouter à la pâte.
6. Découper les oreillons d'abricots en petits dés. En conserver quelques-uns de côté et incorporer les autres à la pâte.

7. Disposer des caissettes dans les empreintes de chaque plaque à mini cupcakes et les remplir de pâte aux deux tiers, à l'aide d'une cuillère. Déposer sur le dessus les dés d'abricots réservés.

C'est prêt à enfourner :

1. Faire cuire pendant 15 minutes environ (la durée de la cuisson dépend du four).
2. La pointe d'un cure-dent piquée au centre d'un cupcake doit ressortir propre.
3. Laisser les cupcakes refroidir complètement.

C'est le moment du décor :

1. Sortir la ganache du réfrigérateur et la laisser se réchauffer si elle est un peu trop figée.
2. Garnir la poche à douille équipée d'une douille cannelée de ganache et déposer une rosace sur chacun des cupcakes.

3. Finaliser la décoration en parsemant la ganache d'étoiles en sucre jaunes et blanches.

Si je n'ai pas de poche à douille ?
Pas de panique !
Le nappage peut aussi être déposé à l'aide d'une cuillère ou d'un couteau à bout rond.

CUP CAKES BANANE

GANACHE CHOCOLAT NOIR

Cuisson : 15 mn
Pour une vingtaine de mini cupcakes

Quels ingrédients ?

- 2 gros œufs
- 80 g de yaourt (un petit pot)
- 1 pincée de sel (pour les blancs en neige)
- 1 cuillère à café d'extrait de vanille liquide
- 200 g de banane
- 50 g d'huile de tournesol
- 150 g de sucre semoule
- 160 g de farine avec levure incorporée
- Quelques pépites de chocolat noir

Pour la ganache et le décor :

- 130 g de crème liquide à 30% ou 40% de matière grasse
- 150 g de chocolat noir
- Cœurs en sucre roses et blancs

Mon matériel :

- 2 grands saladiers ou bols de robot batteur + 1 bol moyen
- 1 robot électrique équipé du fouet (facultatif)
- 1 balance ou un verre doseur
- 1 batteur électrique pour monter les blancs en neige
- 1 couteau
- 1 petite casserole
- 1 spatule souple
- 1 cuillère à soupe
- 1 cure-dent
- 1 poche à douille et 1 douille cannelée
- 1 plaque pour une vingtaine de mini cupcakes
- 25 à 30 caissettes en papier pour mini cupcakes

Comment je fais ?

GANACHE CHOCOLAT NOIR

La ganache est préparée avant les cupcakes car elle doit reposer un moment au frais et doit être utilisée froide.

1. Hacher finement le chocolat au couteau (il fondra plus facilement et sera plus homogène) et le placer dans un saladier ou un bol.
2. Faire chauffer la crème liquide jusqu'à légère ébullition. En verser un tiers ou la moitié sur le chocolat haché.
3. Mélanger la crème et le chocolat à l'aide d'une spatule souple, en faisant de petits mouvements circulaires qui s'élargissent progressivement.
4. Incorporer le reste de la crème en une ou deux fois, en procédant de la même façon. Filmer et entreposer une heure au réfrigérateur.

FAÇONNAGE & DÉCORATION

Fouetter vivement jusqu'à ce que le mélange blanchisse

Monter les blancs en neige ferme

Comment je fais ? (suite)

C'est le moment de préparer la pâte à cupcakes !

1. Préchauffer le four à 180° C.
2. Prendre 2 saladiers pour séparer les blancs des jaunes d'œufs.
3. Ajouter le sucre aux jaunes et fouetter à vitesse moyenne jusqu'à ce que le mélange blanchisse.
4. Incorporer le yaourt, puis l'huile en fouettant bien entre chaque ingrédient.
5. Parfumer la pâte en ajoutant l'extrait de vanille liquide et incorporer la farine.
6. Dans l'autre saladier, monter les blancs en neige, en ajoutant une pincée de sel.
Ils doivent avoir une texture de nuages un peu fermes.
Incorporer délicatement les blancs à la pâte en soulevant cette dernière à l'aide d'une spatule.
7. Éplucher les bananes et les écraser à la fourchette (s'il reste quelques morceaux, ils surprendront les papilles à la dégustation !).
8. Incorporer la «purée» de bananes et quelques pépites de chocolat noir à la pâte.
9. Disposer des caissettes dans les empreintes de chaque plaque à mini cupcakes.
10. Les remplir quasiment à ras bord à l'aide d'une cuillère (plus la pâte à cupcake contiendra de fruit, moins elle gonflera à la cuisson).

C'est prêt à enfourner :

1. Faire cuire pendant 15 minutes environ (la durée de la cuisson dépend du four).
2. La pointe d'un cure-dent piquée au centre d'un cupcake doit ressortir propre.
3. Laisser les cupcakes refroidir complètement.

C'est le moment du décor :

1. Sortir la ganache du réfrigérateur et la laisser se réchauffer si elle est un peu trop figée.
2. Garnir la poche à douille équipée d'une douille cannelée de ganache et déposer une rosace de ganache sur chacun des cupcakes.
3. Finaliser la décoration en parsemant la ganache de cœurs roses et blancs.

Si je n'ai pas de poche à douille ?
Pas de panique !
Le nappage peut aussi être déposé à l'aide d'une cuillère ou d'un couteau à bout rond.

CUP CAKES FRAMBOISE

Cuisson : 15 mn
Pour une vingtaine de mini cupcakes

Quels ingrédients ?

- 2 gros œufs
- 80 g de yaourt (un petit pot)
- 1 pincée de sel (pour les blancs en neige)
- 1 cuillère à café d'extrait de vanille liquide
- 150 g de sucre semoule
- 160 g de farine avec levure incorporée
- Une vingtaine de framboises en saison ou 3-4 grosses cuillères à soupe de confiture de framboises
- 50 g d'huile de tournesol

Pour la ganache et le décor :

- 150 g de chocolat blanc
- 65 g de purée de framboises fraîche ou surgelée
- 70 g de crème liquide à 30% ou 40% de matière grasse

Mon matériel :

- 2 grands saladiers ou bols de robot batteur + 1 bol moyen
- 1 robot électrique équipé de la « feuille »
- 1 balance ou un verre doseur
- 1 batteur électrique pour monter les blancs en neige
- 1 couteau
- 1 petite casserole
- 1 spatule souple + 1 spatule rigide
- 1 cuillère à soupe
- 1 cure-dent
- 1 poche à douille et 1 douille cannelée
- 1 plaque pour une vingtaine de mini cupcakes
- 25 à 30 caissettes en papier pour mini cupcakes

Comment je fais ?

GANACHE À LA FRAMBOISE

La ganache est préparée avant les cupcakes car elle doit reposer un moment au frais et doit être utilisée froide.

1. Hacher finement le chocolat au couteau (il fondra plus facilement et sera plus homogène) et le placer dans un saladier ou un bol.
2. Faire chauffer la crème liquide jusqu'à légère ébullition. En verser un tiers ou la moitié sur le chocolat haché.
3. Mélanger la crème et le chocolat à l'aide d'une spatule souple, en faisant de petits mouvements circulaires qui s'élargissent progressivement.
4. Incorporer le reste de la crème en une ou deux fois, en procédant de la même façon.
5. Incorporer la purée de framboise avec la spatule. Filmer et entreposer une heure au réfrigérateur.

FAÇONNAGE & DÉCORATION

Comment je fais ? (suite)

C'est le moment de préparer la pâte à cupcakes !

1. Préchauffer le four à 180° C.

2. Prendre 2 saladiers pour séparer les blancs des jaunes d'œufs.

3. Ajouter le sucre aux jaunes et fouetter à vitesse moyenne jusqu'à ce que le mélange blanchisse.

4. Incorporer le yaourt, puis l'huile en fouettant bien entre chaque ingrédient.

5. Parfumer la pâte en ajoutant l'extrait de vanille liquide et incorporer la farine.

6. Dans l'autre saladier, monter les blancs en neige, en ajoutant une pincée de sel.
Ils doivent avoir une texture de nuages un peu fermes.
Incorporer délicatement les blancs à la pâte en soulevant cette dernière à l'aide d'une spatule.

7. Disposer des caissettes dans les empreintes de chaque plaque à mini cupcakes et les remplir de pâte au tiers de leur hauteur, à l'aide d'une cuillère.

8. Placer une framboise au centre de chaque caissette (ou un petit peu de confiture), puis recouvrir de pâte.

9. Les caissettes doivent être remplies aux deux tiers.

C'est prêt à enfourner :

1. Faire cuire pendant 15 minutes environ (la durée de la cuisson dépend du four).

2. La pointe d'un cure-dent piquée au centre d'un cupcake doit ressortir propre.

3. Laisser les cupcakes refroidir complètement.

C'est le moment du décor :

1. Sortir la ganache du réfrigérateur.

2. La disposer dans le bol du robot électrique équipé de la feuille. À défaut, retrousser ses manches, utiliser une spatule rigide (ou une cuillère) et ses muscles !

3. Battre la ganache jusqu'à ce qu'elle ait une texture plutôt ferme.

4. La ganache est prête quand elle a la texture d'une pâte à tartiner, quand elle « se tient ».

5. Garnir la poche à douille équipée d'une douille cannelée de ganache et déposer une rosace sur chacun des cupcakes.

6. En saison, couronner chaque cupcake d'une jolie framboise fraîche !

Si je n'ai pas de poche à douille ?
Pas de panique !
Le nappage peut aussi être déposé à l'aide d'une cuillère ou d'un couteau à bout rond.

CUP CAKES

CARAMEL BEURRE SALÉ

Cuisson : 15 mn
Pour une vingtaine de mini cupcakes

Quels ingrédients ?

- 2 gros œufs
- 80 g de yaourt (un petit pot)
- 1 pincée de sel (pour les blancs en neige)
- 1 cuillère à café d'extrait de vanille liquide
- 150 g de sucre semoule
- 160 g de farine avec levure incorporée
- 80 g de caramel au beurre salé
- 50 g d'huile de tournesol

Pour le façonnage et le décor :

- 150 g de beurre salé
- 150 g de crème liquide à 30% ou 40% de matière grasse
- 150 g de sucre semoule
- Éclats de caramels à préparer à partir de Carambar®

Mon matériel :

- 2 grands saladiers ou bols de robot batteur + 1 bol moyen
- 1 robot électrique équipé du fouet (facultatif)
- 1 balance ou un verre doseur
- 1 batteur électrique pour monter les blancs en neige
- 1 cure-dent
- 1 petite casserole
- 1 thermomètre de cuisson
- 1 couteau
- 1 cuillère à soupe
- 1 spatule souple
- 1 poche à douille et 1 douille cannelée
- 1 plaque pour une vingtaine de mini cupcakes
- 25 à 30 caissettes en papier pour mini cupcakes

Comment je fais ?

CARAMEL AU BEURRE SALÉ

Commencer par préparer le caramel au beurre salé qui doit refroidir avant d'être utilisé.

1. Verser le sucre en poudre dans une casserole et le faire chauffer pour réaliser un caramel.
2. Quand le caramel prend une belle couleur, retirer la casserole du feu et ajouter délicatement la crème liquide à température ambiante ou légèrement tiédie. Attention aux éventuelles projections de caramel.

3. Remettre la casserole sur le feu et cuire la préparation à 108° C précisément !
4. Retirer à nouveau la casserole du feu, ajouter le beurre salé coupé en morceaux et cuire à nouveau à 108° C.
5. Verser dans un récipient, laisser refroidir, filmer et entreposer au réfrigérateur.

Façonnage & Décoration

Préchauffer le four à 180° C.

Fouetter vivement jusqu'à ce que le mélange blanchisse

Monter les blancs en neige ferme

Comment je fais ? (suite)

C'est le moment de préparer la pâte à cupcakes !

1. Préchauffer le four à 180° C.
2. Prendre 2 saladiers pour séparer les blancs des jaunes d'œufs.
3. Ajouter le sucre aux jaunes et fouetter à vitesse moyenne jusqu'à ce que le mélange blanchisse.
4. Incorporer le yaourt, puis l'huile en fouettant bien entre chaque ingrédient.
5. Parfumer la pâte en ajoutant l'extrait de vanille liquide et incorporer la farine.
6. Dans l'autre saladier, monter les blancs en neige, en ajoutant une pincée de sel. Ils doivent avoir une texture de nuages un peu fermes. Incorporer délicatement les blancs à la pâte en soulevant cette dernière à l'aide d'une spatule.
7. Sortir le caramel au beurre salé du réfrigérateur.
8. Incorporer environ 80 g de caramel à la pâte : il doit se fondre à la pâte en lui donnant une jolie couleur ambrée.
9. Disposer des caissettes dans les empreintes de chaque plaque à mini cupcakes et les remplir de pâte aux deux tiers, à l'aide d'une cuillère.
10. Ajouter une goutte de caramel au beurre salé au centre de chaque cupcake et remettre le reste de caramel au beurre salé au frais.

C'est prêt à enfourner :

1. Faire cuire pendant 15 minutes environ (la durée de la cuisson dépend du four).
2. La pointe d'un cure-dent piquée au centre d'un cupcake doit ressortir propre.
3. Laisser les cupcakes refroidir complètement.

C'est le moment du décor :

1. Sortir le caramel au beurre salé du réfrigérateur : s'il est un peu trop figé, le laisser se réchauffer.
2. Garnir la poche à douille équipée d'une douille cannelée de caramel au beurre salé. Déposer une rosace sur chacun des cupcakes.
3. Finaliser la décoration en parsemant le dessus des cupcakes d'éclats de caramel.

Si je n'ai pas de poche à douille ?
Pas de panique !
Le nappage peut aussi être déposé à l'aide d'une cuillère ou d'un couteau à bout rond.

CUP CAKES CHOCOLAT

GANACHE CHOCOLAT BLANC

Cuisson : 10 mn
Pour une vingtaine de mini cupcakes

Quels ingrédients ?

2 gros œufs

60 g de beurre doux

100 g de chocolat noir

75 g de sucre semoule

50 g de farine avec levure incorporée

Pour la ganache et le décor :

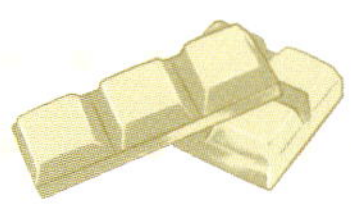

150 g de chocolat blanc

130 g de crème liquide à 30% ou 40% de matière grasse

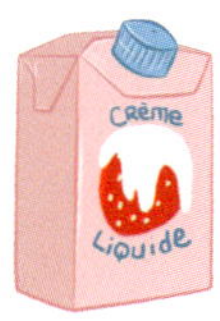

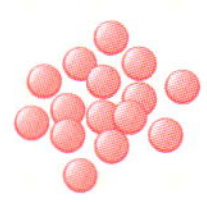

Des billes chocolatées roses

Mon matériel :

1 grand saladier ou bol de robot batteur + 1 bol moyen

1 robot électrique équipé de la « feuille »

1 balance ou un verre doseur

1 batteur électrique pour monter les blancs en neige

1 couteau

1 petite casserole

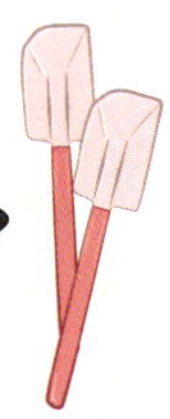

1 spatule souple + 1 spatule rigide

1 cuillère à soupe

1 cure-dent

1 poche à douille et 1 douille cannelée

1 plaque pour une vingtaine de mini cupcakes

25 à 30 caissettes en papier pour mini cupcakes

Comment je fais ?

GANACHE CHOCOLAT BLANC

La ganache est préparée avant les cupcakes car elle doit reposer un moment au frais et doit être utilisée froide.

1. Hacher finement le chocolat au couteau (il fondra plus facilement et sera plus homogène) et le placer dans un saladier ou un bol.

2. Faire chauffer la crème liquide jusqu'à légère ébullition. En verser un tiers ou la moitié sur le chocolat haché.

3. Mélanger la crème et le chocolat en partant du centre et en faisant de petits mouvements circulaires qui s'élargissent progressivement.

4. Incorporer le reste de la crème en une ou deux fois, en procédant de la même façon. Filmer et entreposer une heure au réfrigérateur.

Comment je fais ? (suite)

C'est le moment de préparer la pâte à cupcakes !

1. Préchauffer le four à 180° C.
2. Couper le beurre en petits morceaux, les disposer dans un bol avec le chocolat noir et faire fondre le tout au bain-marie ou au micro-ondes 60 secondes environ.
3. Remuer ce mélange pour le rendre homogène et le laisser refroidir.
4. Casser les œufs dans un saladier ou dans le bol du robot batteur et y ajouter le sucre.
5. Fouetter vivement jusqu'à ce que le mélange blanchisse.
6. Ajouter le mélange beurre-chocolat au mélange œufs-sucre.
7. Fouetter et, une fois le mélange homogène, ajouter la farine et mélanger.
8. Disposer des caissettes dans les empreintes de chaque plaque à mini cupcakes. Les remplir aux deux tiers avec la pâte au chocolat, à l'aide d'une cuillère.

C'est prêt à enfourner :

1. Faire cuire pendant 10 minutes environ (la durée de la cuisson dépend du four).
2. La pointe d'un cure-dent piquée au centre d'un cupcake doit ressortir propre.
3. Laisser les cupcakes refroidir complètement.

C'est le moment du décor :

1. Sortir la ganache du réfrigérateur.
2. La disposer dans le bol du robot électrique équipé de la feuille. À défaut, retrousser ses manches, utiliser une spatule rigide (ou une cuillère) et ses muscles !
3. Battre la ganache jusqu'à ce qu'elle ait une texture plutôt ferme.
4. La ganache est prête quand elle a la texture d'une pâte à tartiner, quand elle « se tient ».
5. Garnir la poche à douille équipée d'une douille cannelée de ganache et déposer une rosace de ganache sur chacun des cupcakes.
6. Finaliser la décoration en parsemant la ganache de billes chocolatées roses.

Si je n'ai pas de poche à douille ?
Pas de panique !
Le nappage peut aussi être déposé à l'aide d'une cuillère ou d'un couteau à bout rond.

CUP CAKES POMME CANNELLE

Cuisson : 15 mn
Pour une vingtaine de mini cupcakes

Quels ingrédients ?

- 2 gros œufs
- 80 g de yaourt (un petit pot)
- 1 pincée de sel (pour les blancs en neige)
- 1 cuillère à café de cannelle moulue
- 1 cuillère à café d'extrait de vanille liquide
- 150 g de sucre semoule
- 160 g de farine avec levure incorporée
- 1 à 2 belles pommes de saison
- 50 g d'huile de tournesol

Pour la ganache et le décor :

- 2-3 biscuits spéculoos émiettés
- 130 g de crème liquide à 30% ou 40% de matière grasse
- 150 g de chocolat blond
- Des étoiles en sucre jaunes

Mon matériel :

- 2 grands saladiers ou bols de robot batteur + 1 bol moyen
- 1 robot électrique équipé de la « feuille »
- 1 balance ou un verre doseur
- 1 batteur électrique pour monter les blancs en neige
- 1 couteau
- 1 petite casserole
- 1 spatule souple
- 1 cuillère à soupe
- 1 cure-dent
- 1 poche à douille et 1 douille cannelée
- 1 plaque pour une vingtaine de mini cupcakes
- 25 à 30 caissettes en papier pour mini cupcakes

Comment je fais ?

GANACHE CHOCOLAT DULCEY®.

La ganache est préparée avant les cupcakes car elle doit reposer un moment au frais et doit être utilisée froide.

1. Hacher finement le chocolat au couteau (il fondra plus facilement et sera plus homogène) et le placer dans un saladier ou un bol.
2. Faire chauffer la crème liquide jusqu'à légère ébullition. En verser un tiers ou la moitié sur le chocolat haché.

3. Mélanger la crème et le chocolat à l'aide d'une spatule souple, en faisant de petits mouvements circulaires qui s'élargissent progressivement.
4. Incorporer le reste de la crème en une ou deux fois, en procédant de la même façon. Filmer et entreposer une heure au réfrigérateur.

FAÇONNAGE & DÉCORATION

Comment je fais ? (suite)

C'est le moment de préparer la pâte à cupcakes !

1. Préchauffer le four à 180° C.
2. Prendre 2 saladiers pour séparer les blancs des jaunes d'œufs.
3. Ajouter le sucre aux jaunes et fouetter à vitesse moyenne jusqu'à ce que le mélange blanchisse.
4. Incorporer le yaourt, puis l'huile en fouettant bien entre chaque ingrédient.
5. Parfumer la pâte en ajoutant l'extrait de vanille liquide et incorporer la farine.
6. Dans l'autre saladier, monter les blancs en neige, en ajoutant une pincée de sel.
Ils doivent avoir une texture de nuages un peu fermes.
Incorporer délicatement les blancs à la pâte en soulevant cette dernière à l'aide d'une spatule.
7. Éplucher et découper les pommes en petits dés, ajouter la cannelle moulue, puis les incorporer à la pâte. Plus il y aura de fruits, plus le cupcake sera parfumé et moelleux.
8. Disposer des caissettes dans les empreintes de chaque plaque à mini cupcakes et les remplir de pâte aux deux tiers, à l'aide d'une cuillère.

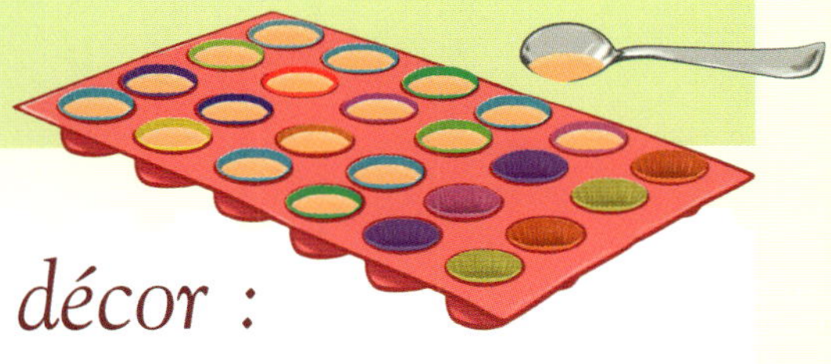

C'est prêt à enfourner :

1. Faire cuire pendant 15 minutes environ (la durée de la cuisson dépend du four).
2. La pointe d'un cure-dent piquée au centre d'un cupcake doit ressortir propre.
3. Laisser les cupcakes refroidir complètement.

C'est le moment du décor :

1. Sortir la ganache du réfrigérateur.
2. La disposer dans le bol du robot électrique équipé de la feuille. À défaut, retrousser ses manches, utiliser une spatule rigide (ou une cuillère) et ses muscles !
3. Battre la ganache jusqu'à ce que ce que sa texture change : plutôt liquide au départ, elle va se raffermir progressivement.
4. La ganache est prête quand elle a la texture d'une pâte à tartiner, quand elle « se tient ».
5. Garnir la poche à douille équipée d'une douille cannelée de ganache et déposer une rosace de ganache sur chacun des cupcakes.
6. Finaliser la décoration en parsemant la ganache d'étoiles en sucre jaunes. Saupoudrer de spéculoos finement émiettés pour rappeler la cannelle du cupcake et donner un léger croustillant.

Si je n'ai pas de poche à douille ?
Pas de panique !
Le nappage peut aussi être déposé à l'aide d'une cuillère ou d'un couteau à bout rond.

CUP CAKES TIRAMISU

Cuisson : 15 mn
Pour une vingtaine de mini cupcakes

Quels ingrédients ?

- 2 gros œufs
- 80 g de yaourt (un petit pot)
- 1 pincée de sel (pour les blancs en neige)
- 1 cuillère à café d'extrait de vanille liquide
- 150 g de sucre semoule
- 160 g de farine avec levure incorporée
- 10 g de café soluble
- 50 g d'huile de tournesol

Pour le façonnage et le décor :

- 60 g de mascarpone
- 100 g de crème liquide à 30% ou 40% de matière grasse
- 2 cuillères à soupe de sucre glace
- Cacao en poudre non sucré

Mon matériel :

- 2 grands saladiers ou bols de robot batteur + 2 bols moyens
- 1 robot électrique équipé du fouet (facultatif)
- 1 balance ou un verre doseur
- 1 batteur électrique pour monter les blancs en neige
- 2 cuillères à soupe
- 1 passoire fine
- 1 spatule souple
- 1 cure-dent
- 1 poche à douille et 1 douille lisse
- 1 plaque pour une vingtaine de mini cupcakes
- 25 à 30 caissettes en papier pour mini cupcakes

Comment je fais ?

Préparer la pâte à cupcakes

1. Préchauffer le four à 180° C.
2. Prendre 2 saladiers pour séparer les blancs des jaunes d'œufs.
3. Ajouter le sucre aux jaunes et fouetter à vitesse moyenne jusqu'à ce que le mélange blanchisse.
4. Incorporer le yaourt, puis l'huile en fouettant bien entre chaque ingrédient.
5. Parfumer alors la pâte avec l'extrait de vanille liquide et incorporer la farine.

FAÇONNAGE DÉCORATION

Comment je fais ? (suite)

6. Dans l'autre saladier, monter les blancs en neige, en ajoutant une pincée de sel.
Ils doivent avoir une texture de nuages un peu fermes.
Incorporer délicatement les blancs à la pâte en soulevant cette dernière à l'aide d'une spatule.

7. Réhydrater le café soluble avec un peu d'eau (attention à ne pas ajouter trop d'eau pour conserver un puissant parfum de café).

8. Diviser la pâte en deux parts égales et parfumer l'une d'elle avec le café soluble dilué.

9. Disposer des caissettes dans les empreintes de chaque plaque à mini cupcakes.

10. Pour obtenir un joli effet marbré, remplir les caissettes en alternant des cuillerées à café de pâte nature et de pâte au café.
Remplir les caissettes aux deux tiers de leur hauteur.

Monter les blancs en neige ferme

Pâte nature

Pâte avec le café soluble dilué

Remplir les caissettes aux deux tiers de leur hauteur.

C'est prêt à enfourner :

1. Faire cuire pendant 15 minutes environ (la durée de la cuisson dépend du four).

2. La pointe d'un cure-dent piquée au centre d'un cupcake doit ressortir propre.

3. Laisser les cupcakes refroidir complètement.

C'est le moment du décor :

1. Monter la crème liquide bien froide en chantilly, en la fouettant d'abord à petite vitesse.
Augmenter progressivement la vitesse et quand la crème prend la consistance d'une chantilly, ajouter le sucre glace tamisé.

2. Dans un bol, assouplir le mascarpone avec une spatule ou un fouet.

3. Une fois la crème montée en chantilly, y ajouter délicatement le mascarpone.

4. Garnir de crème la poche à douille équipée d'un embout lisse.

5. Déposer une rosace de ganache sur chacun des cupcakes.

6. Disposer la touche finale en parsemant un léger voile de cacao au travers d'une fine passoire au-dessus des cupcakes.

CUP CAKES

PEPITES DE CHOCOLAT
GANACHE CHOCOLAT BLANC

Cuisson : 15 mn
Pour une vingtaine de mini cupcakes

Quels ingrédients ?

- 2 gros œufs
- 80 g de yaourt (un petit pot)
- 1 pincée de sel (pour les blancs en neige)
- 1 cuillère à café d'extrait de vanille liquide
- 150 g de sucre semoule
- 160 g de farine avec levure incorporée
- 100 g de pépites de chocolat noir
- 50 g d'huile de tournesol

Pour la ganache et le décor :

- 150 g de chocolat blanc
- 130 g de crème liquide à 30% ou 40% de matière grasse
- Des cœurs en sucre roses et blancs

Mon matériel :

- 2 grands saladiers ou bols de robot batteur + 1 bol moyen
- 1 robot électrique équipé de la « feuille »
- 1 balance ou un verre doseur
- 1 batteur électrique pour monter les blancs en neige
- 1 couteau
- 1 petite casserole
- 1 spatule souple
- 1 cuillère à soupe
- 1 cure-dent
- 1 poche à douille et 1 douille cannelée
- 1 plaque pour une vingtaine de mini cupcakes
- 25 à 30 caissettes en papier pour mini cupcakes

Comment je fais ?

GANACHE CHOCOLAT BLANC

La ganache est préparée avant les cupcakes car elle doit reposer un moment au frais et doit être utilisée froide.

1. Hacher finement le chocolat au couteau (il fondra plus facilement et sera plus homogène) et le placer dans un saladier ou un bol.
2. Faire chauffer la crème liquide jusqu'à légère ébullition. En verser un tiers ou la moitié sur le chocolat haché.
3. Mélanger la crème et le chocolat en partant du centre et en faisant de petits mouvements circulaires qui s'élargissent progressivement.
4. Incorporer le reste de la crème en une ou deux fois, en procédant de la même façon. Filmer et entreposer une heure au réfrigérateur.

FAÇONNAGE & DÉCORATION

Fouetter vivement jusqu'à
ce que le mélange blanchisse

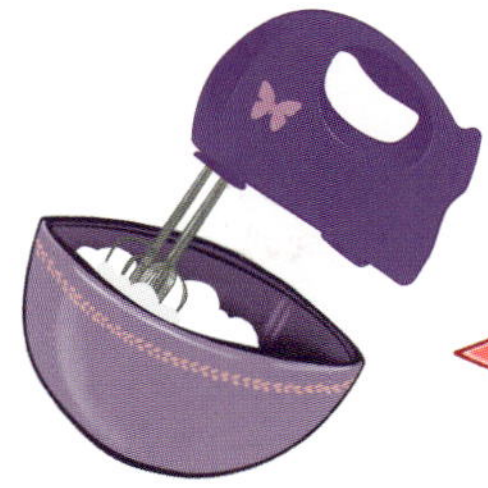

Monter les blancs
en neige ferme

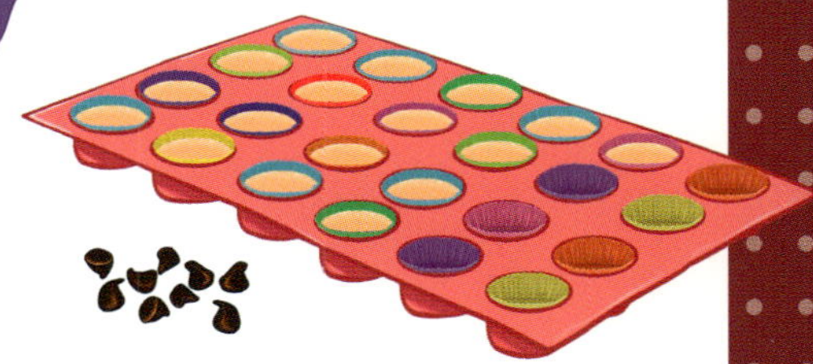

Comment je fais ? (suite)

C'est le moment de préparer la pâte à cupcakes !

1. Préchauffer le four à 180° C.

2. Prendre 2 saladiers pour séparer les blancs des jaunes d'œufs.

3. Ajouter le sucre aux jaunes et fouetter à vitesse moyenne jusqu'à ce que le mélange blanchisse.

4. Incorporer le yaourt, puis l'huile en fouettant bien entre chaque ingrédient.

5. Parfumer la pâte en ajoutant l'extrait de vanille liquide et incorporer la farine.

6. Dans l'autre saladier, monter les blancs en neige, en ajoutant une pincée de sel. Ils doivent avoir une texture de nuages un peu fermes. Incorporer délicatement les blancs à la pâte en soulevant cette dernière à l'aide d'une spatule.

7. Ajouter les pépites de chocolat (autant que souhaité !)

8. Disposer des caissettes dans les empreintes de chaque plaque à mini cupcakes et les remplir de pâte aux deux tiers, à l'aide d'une cuillère.

C'est prêt à enfourner :

1. Faire cuire pendant 15 minutes environ (la durée de la cuisson dépend du four).

2. La pointe d'un cure-dent piquée au centre d'un cupcake doit ressortir propre.

3. Laisser les cupcakes refroidir complètement.

C'est le moment du décor :

1. Sortir la ganache du réfrigérateur.

2. La disposer dans le bol du robot électrique équipé de la feuille. À défaut, retrousser ses manches, utiliser une spatule rigide (ou une cuillère) et ses muscles !

3. Battre la ganache jusqu'à ce qu'elle ait une texture plutôt ferme.

4. La ganache est prête quand elle a la texture d'une pâte à tartiner, quand elle « se tient ».

5. Garnir la poche à douille équipée d'une douille cannelée de ganache et déposer une rosace de ganache sur chacun des cupcakes.

6. Finaliser la décoration en parsemant la ganache de cœurs roses et blancs.

Si je n'ai pas de poche à douille ?

Pas de panique !
Le nappage peut aussi être déposé à l'aide d'une cuillère ou d'un couteau à bout rond.

CUP CAKES CITRON

Cuisson : 15 mn
Pour une vingtaine de mini cupcakes

Quels ingrédients ?

- 2 gros œufs
- 80 g de yaourt (un petit pot)
- 1 pincée de sel (pour les blancs en neige)
- 1 cuillère à café d'extrait de vanille liquide
- 150 g de sucre semoule
- 160 g de farine avec levure incorporée
- 1 à 2 citrons non traités (pour le zeste et le jus)
- 50 g d'huile de tournesol

Pour le façonnage et le décor :

- Jus de citron
- Sucre glace (100 à 200 g)
- Fleurs en sucre

Mon matériel :

- 2 grands saladiers ou bols de robot batteur + 1 bol moyen
- 1 robot électrique équipé du fouet (facultatif)
- 1 balance ou un verre doseur
- 1 batteur électrique pour monter les blancs en neige
- 1 couteau
- 1 spatule souple
- 1 cuillère à soupe
- 1 cure-dent
- 1 râpe fine
- 1 plaque pour une vingtaine de mini cupcakes
- 25 à 30 caissettes en papier pour mini cupcakes

Comment je fais ?

Préparer la pâte à cupcakes

1. Préchauffer le four à 180° C.
2. Prendre 2 saladiers pour séparer les blancs des jaunes d'œufs.
3. Ajouter le sucre aux jaunes et fouetter à vitesse moyenne jusqu'à ce que le mélange blanchisse.
4. Incorporer le yaourt, puis l'huile en fouettant bien entre chaque ingrédient.
5. Parfumer alors la pâte avec l'extrait de vanille liquide et le zeste de citron râpé, puis incorporer la farine.

Comment je fais ? (suite)

6. Dans l'autre saladier, monter les blancs en neige, en ajoutant une pincée de sel. Ils doivent avoir une texture de nuages un peu fermes. Incorporer délicatement les blancs à la pâte en soulevant cette dernière à l'aide d'une spatule.

7. Disposer des caissettes dans les empreintes de chaque plaque à mini cupcakes et les remplir de pâte aux deux tiers, à l'aide d'une cuillère.

Monter les blancs en neige ferme

Remplir les caissettes aux deux tiers de leur hauteur.

C'est prêt à enfourner :

1. Faire cuire pendant 15 minutes environ (la durée de la cuisson dépend du four).

2. La pointe d'un cure-dent piquée au centre d'un cupcake doit ressortir propre.

3. Laisser les cupcakes refroidir complètement.

C'est le moment du décor :

1. Presser le citron, lavé, pour en extraire le jus.

2. Dans un petit bol, verser le sucre glace et y ajouter le jus de citron jusqu'à former une pâte bien blanche, ni trop liquide, ni trop ferme : elle doit pouvoir s'étaler facilement avec le dos d'une cuillère, sans couler.

3. Disposer ce glaçage avec une petite cuillère sur chaque cupcake et déposer le décor choisi avant que le glaçage ne fige totalement.

Lotus® est une marque déposée.
Nutella® est une marque déposée de la Société Ferrero.
Valrhona® est une marque déposée.
Carambar® est une marque déposée.

Direction éditoriale : Sylvie Désormière
Direction artistique : Elisabeth Ferté, Agence Rouge Graphique
Correctrice : Carine Laizé

www.editions-micmac.com
ISBN : 978-2-36221-004-4
Dépôt légal : septembre 2013.

Conforme à la loi n° 49-956 du 16 juillet 1949
sur les publications destinées à la jeunesse.
Imprimé en Italie.